山崎大輝パーソナルブック

僕の初海外はこんな旅になった。

photo by **Ivy Chen**

小籠包 5個 30
鍋貼 5個 30
飯糰 加蛋 35
飯糰 25
蘿蔔糕 一份 30
蘿蔔糕 加蛋 40
蛋餅 20
燒餅夾蛋 25
燒餅油條 加蛋 40
燒餅 15
油條 15
荷包蛋 15

芬
進口服飾・飾品

素食

photos by
Taiki

1

2

3

4

1 この写真は、マネージャーさんに撮ってもらいました。キヤノンさんにお借りしたカメラの試し撮りです（笑）。パスポートを作ったのは人生で初めて。顔写真の顔がめっちゃむくんでるせいか、入国審査のときに、スムーズには通してもらえませんでした（笑）。**2** 台湾に着いて、最初に撮った写真です。ロケバスの中から「これが台湾の風景か！」って。**3** 初日の夜に食事した、小籠包のお店で。お店の外から厨房ががっつり見えるようになっていました。これもパフォーマンスのひとつなんだろうな。**4** 朝ごはんを食べているシーンを撮ったお店です。最初のロケ地だったので記念に撮りました（笑）。

台灣大車隊

55688
330元

Canon

Canon

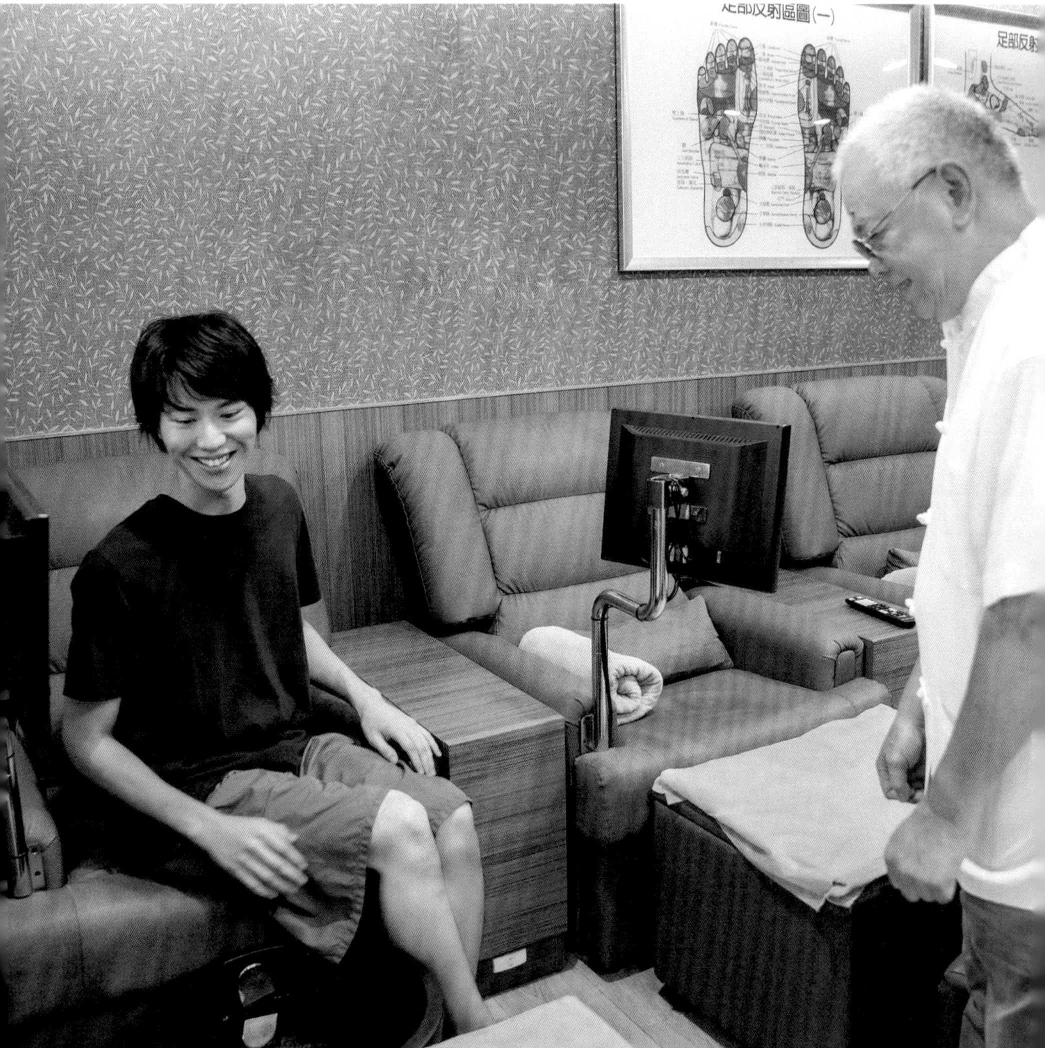
足部反射區圖(一)

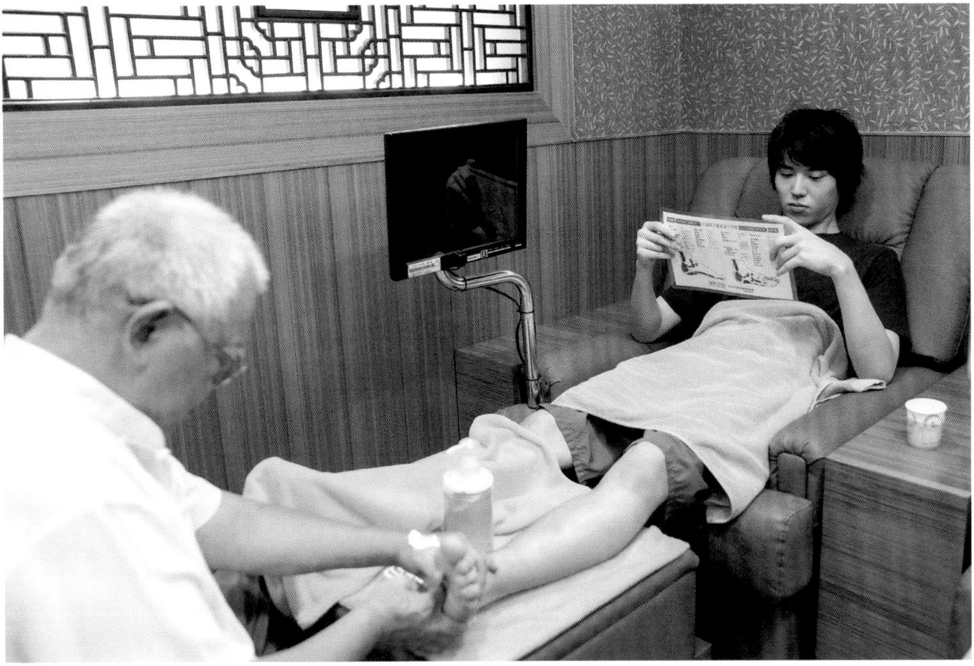

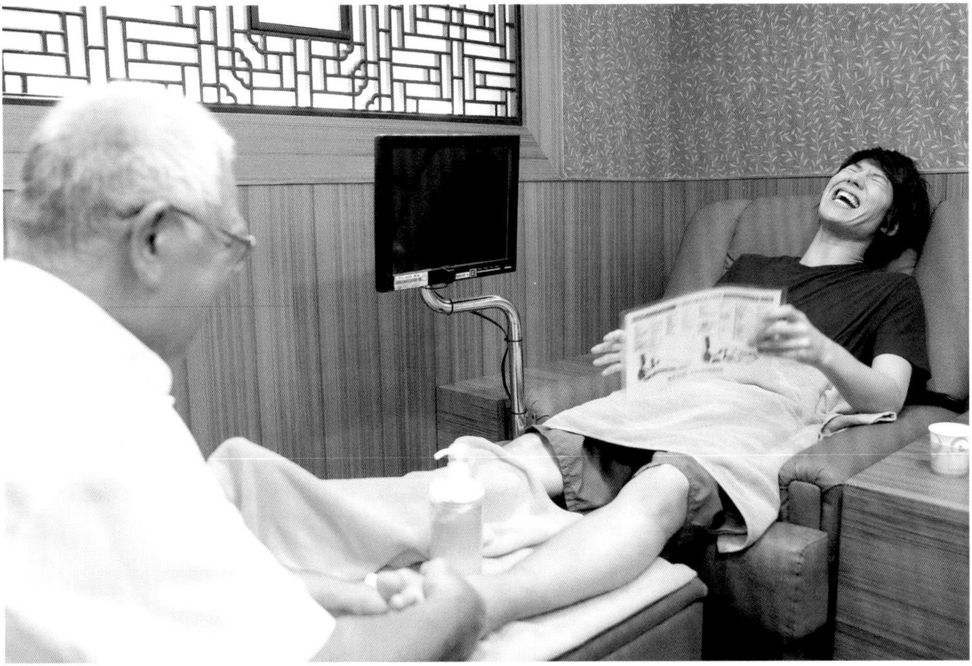

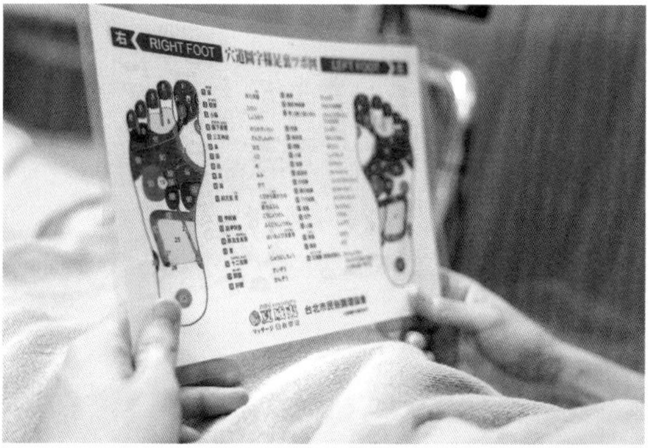
右
RIGHT FOOT

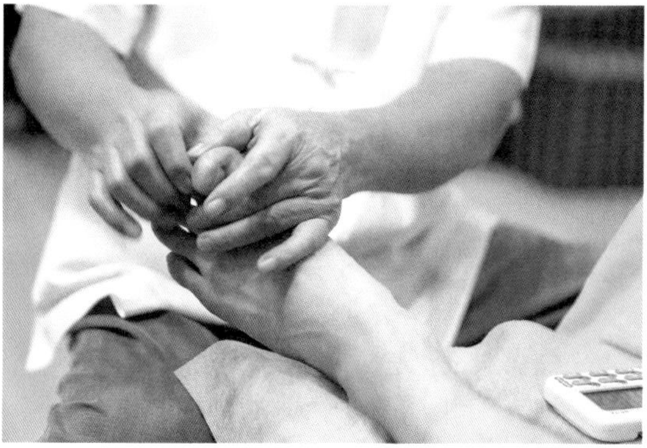

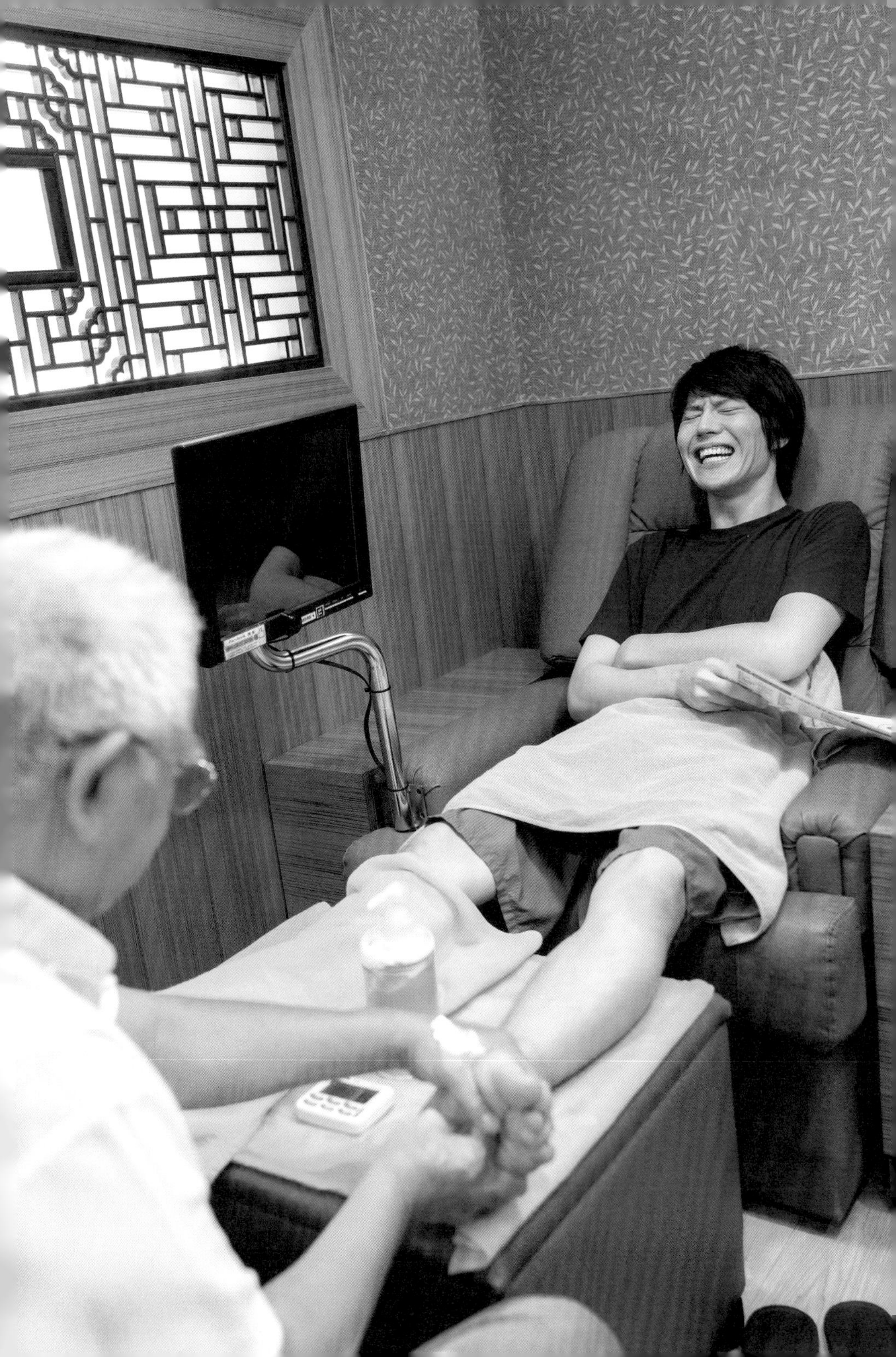

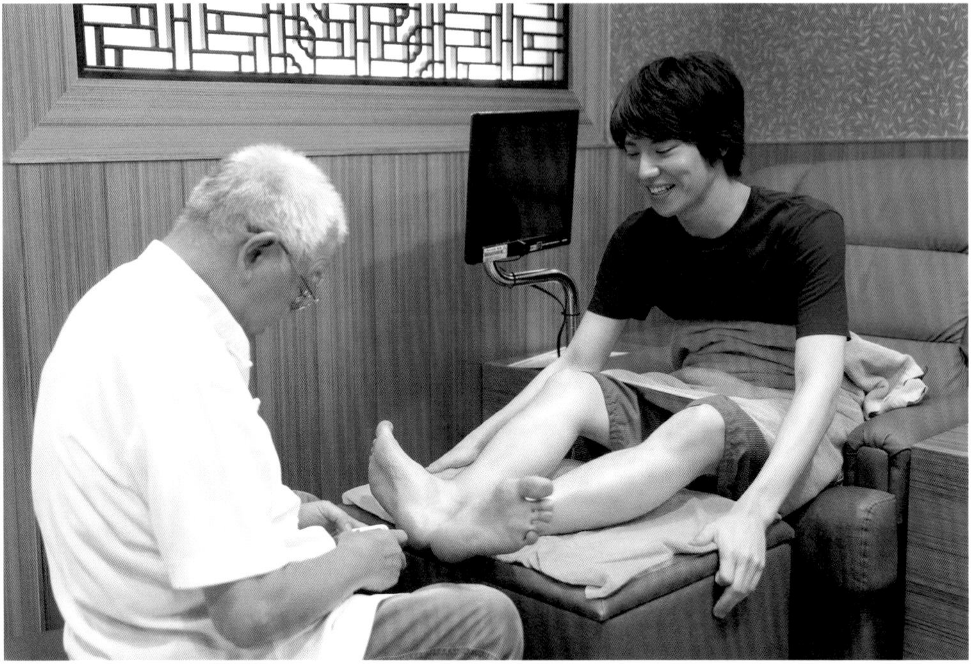

春水族
鳳梨冰沙
50
紅茶
冬瓜茶
25
923·HXV
681·ESV

Taiki

1

2

3

1、**2** ギョウザ作りを教えていただいたお宅のそばに金魚を売るお店があって、そこで撮ったものです。普段、僕がプライベートで撮る写真の被写体は人が多いんです。台湾では僕が見た風景を、と意識して景色を中心に撮ったんですけど、やっぱり動く被写体はいいなって思いました(笑)。**3** そのお店もあった、商店街のような通りの風景です。建物がぎゅうぎゅうに並んでいて、日本ではなかなか見られない雰囲気かもと思いました。

16

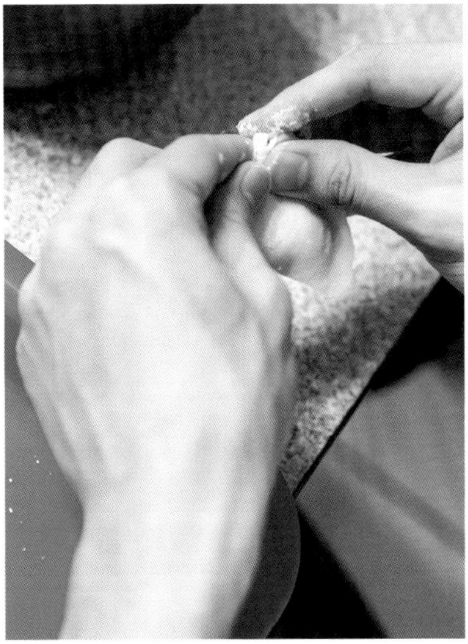

16

16
星期三

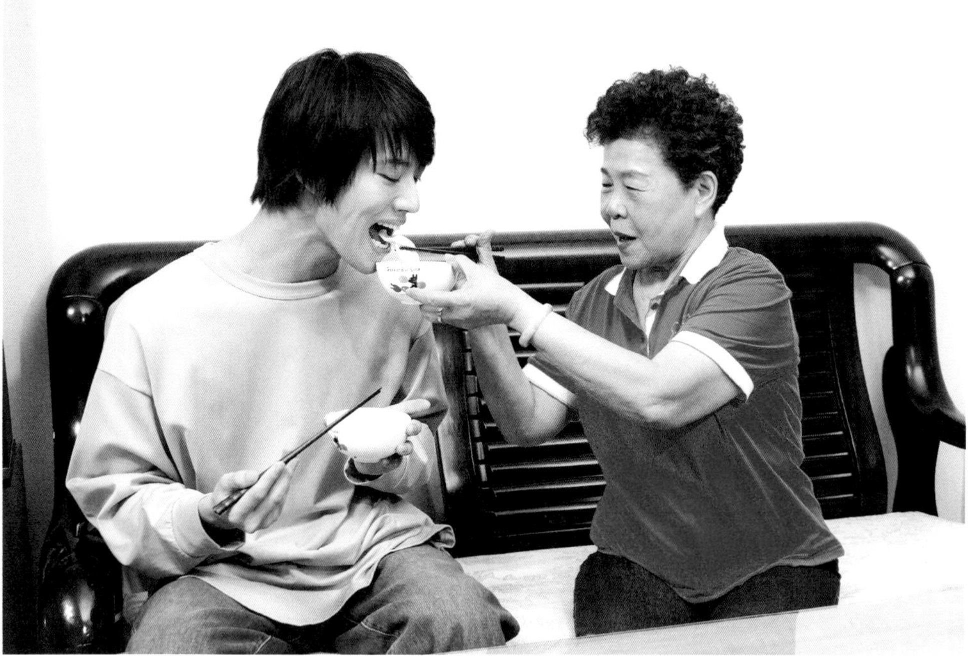

photos by
Taiki

1

2

1 ギョウザ作りを教えていただいたお宅の屋上からの風景です。台北101（地上101階建ての超高層ビル）を撮ってみようと思って。僕のなかで、台湾の街はレトロなイメージだったんです。でも、実際に来てみたら、新しい建物もいっぱいあるんだなって。古い建物と新しいのが混じっているのって、おもしろいし、素敵ですよね。**2** ギョウザ作りを教えてくれたお母さん。明るくて、すごく表情が豊かで、楽しく撮影させていただきました。僕が台湾で使われている言葉を話せないのに、お母さんは日本語でも話しかけてきてくれて。歩み寄ろうとしてくれてうれしかったです。お別れのときに「また来てね！」って言ってくれたのが印象に残っています。

紅
西門
樓
SILAS
Canon

Canon

hair salon

FamilyMart
全家 FamilyM
30

XINGFUTANG,
TO TAIWAN.
SILAS

幸福堂

SILAS

SILAS

50年老店
謝謝魷魚
肉圓 40
油粿 40
謝謝

SILAS

SILAS

月 16
期三
今日電影
樹舞春風

店採用自助式

助
式

碗 45
大杯 40
小杯 25
不免費
想坐下休息 請說 內用

冷飲直接喝
內用

成都楊桃冰
鳳梨湯 40 25
楊桃湯 40 25
李塩冰 45元
鳳梨冰 45元
楊桃冰 45元
李塩 130元
本店採自助式
請先付款 謝謝!

成都楊

W

世界上
There Are Two Things In
1.Marriage

SILAS

SILAS

百草膏

梅花拳
招生
大東
15
G.T.MODEL
QS8006-2
DIY MODEL HELICOPTER
3.5-CHANNEL RC HELICOPTER
Supreme

Supreme
BLAZE
X-CHASER
X-CHASER
GALLOP
RADIO CONTROL
DEFORMATION
100元換 300顆珠
彩票可換大型玩具
100元換 100枚代幣
機械戰龍
珠 八戒遊戲王
彩票可累積換大型玩具
單筆消費300送搖控車
DINOSAUR

1 西門町という繁華街。ポケモンの看板があって、「日本のものがある！」ってうれしくなって撮っちゃいました（笑)。**2** 西門町にあるおみやげ屋さんで。クセが強い（笑)。**3** 夜市に行ったときに、エビ釣りをしたんですけど、その横にあった小魚釣り（？）の屋台。**4** 夜市の中に青果店があって、思わず撮ったドリアン。見たことがない果物、たくさんあったなあ。昔、スーパーでアルバイトをしていたことを思い出しました（笑)。**5** 夜市のお店で、看板犬として働いていました。すごくフレンドリーというか、写真を撮ろうと近づいてもぜんぜん逃げなくて。たくさん人が集まる場所だから、知らない人にも慣れるんですかね。**6** これ、久しぶりに見たなあって。マンゴーかき氷を食べたお店にあった、ルーレット式のおみくじ器なんですけど。子どもの頃、このおみくじをひきたかったのに、母にダメだって言われたな…。結局、かき氷屋さんでもやらなかったんですけど。

photos by
Taiki

1

2

3

4

5

6

Jington

猴硐

猴硐
Houtong

猴硐
Houtong
瑞芳區
光復里
2.45公里(Km)
4.55公里(Km)
三貂嶺Sandiaoling
瑞芳 Ruifang

一口煎餃

金石工坊
開運招福
平安
良緣達成
開運

217 Café
217Café

/ Three Cheeze/Magarita/BLT
Double CheezeTuna/Meat Lover
三種起司/ 瑪格麗特
双層起司鮪魚/ 肉食主義
Breakfast 全日早午餐
Yum
SUPER
Cafe 義式咖啡
Hazelunt Latte
榛果拿鉄
Caramel Latte
焦糖拿鉄
CoCoa Nut Latte
摩卡可可拿鉄
OREO Caramel Latte
OREO 摩卡拿鉄
Latte
拿鉄
wifi・walkandtaste
Password・0225cafe
Yum~

小心
猫出没

茶油
五百元
茶皂
五十元

十分
Shifen
新北市
平溪區
1.8 公里(Km)
2.9 公里(Km)
望古 Wanggu
大華 Dah

1 猫がたくさん住んでいる村「猴硐（ホウトン）」の駅で。下のほうに入っているのは僕の指です。普段からそうなんですけど、対象物だけを撮ると、僕がその場にいるかどうかわからないじゃないですか（笑）。**6** も、同じく手が入っている、ランタン飛ばしが有名な観光地「十分（シーフェン）」の駅で撮りました。**2** 猫村に入って、最初にお出迎えしてくれた猫。かわいかったな〜、この子。他の猫を撮ろうとしたら、僕が近づいて怖かったのか、そっぽを向かれたり逃げられちゃったりして、「僕、そういうオーラ出てるのか…」と思って悲しんでたんですけど（笑）、この子だけはずっと撮らせてくれたんです。**3** この子は猫村の、奥のほうというか、標高が高い場所にいました。僕、しましまの柄が好きなのかな。**4** 猫村のカフェでカフェラテを注文したら、肉球のラテアートに、肉球のマシュマロが。このマシュマロ、食感がモチモチでした。**5** そのカフェにいた猫。僕が好きな色と柄です（笑）。この組み合わせがいちばん“猫〜”って感じがする。

photos by
Taiki

1

2

3

4

5

6

EOS

Canon

1十分

1十分

1十分

幸福天燈
大天燈・小天燈 特賣店

EOS

樓仔厝 Lou-A-Chu
台灣
Taiwan
十分
幸福
Shihfen
520km
Happiness
999km

EOS

ON
Sale

Canon

Canon

photos by
Taiki

1

2

3

4

5

1 ランタンを飛ばせる観光地・十分に着くと、5秒にひとつくらいのいきおいでランタンが空に上がっていってて「こんなにランタン、上がるんかい！」って（笑）。大きなランタンに願い事を書いて飛ばすんですけど、たくさんの国の方がいて、それぞれの言葉で書くから「なんて書いてあるんだろう？」って想像したりして。日本の方もたくさんいらっしゃいましたよ。僕が書いたのは「健康」。2019年10月で24歳になったんですけど、体力的に、これまでとは変わってくるって周りの方から聞いて。今までが当たり前だと思うなよっていう、自分への戒めです。もちろん、自分でも健康でいられるよう努力するんですけど、念のため、お祈りもしておこうかなって。**2** 十分の駅に続く線路。ランタンのお店が線路沿いにたくさんありました。**3** 九份（ジョーフェン）の街で台湾茶を飲みました。当たり前ですけど、ティーバッグのお茶とはぜんぜん違いました。本当においしかった！　いっしょにいただいた、緑色のらくがんみたいなお菓子が特に好きでした。**4** 九份の街。すごい人で、人も景色の一部みたいな感じだったな。**5** 台北の街で、移動のタクシーの中で。やさしい運転手さんで、カーナビでテレビのニュースを見せてくれました。

Taiki Yamazaki

山崎大輝（やまざき・たいき）
1995年10月3日、静岡県生まれ。B型。
第23回ジュノン・スーパーボーイ・コンテストで
審査員特別賞を受賞。
俳優としてドラマ、舞台などで活躍。
ほかにも「Taiki」名義で音楽活動、
「らいと」名義で動画配信など、
ジャンルを問わずマルチに活動中。

僕の旅に付き合ってくれてありがとう。m(_ _)m
山崎大輝

山崎大輝パーソナルブック
僕の初海外はこんな旅になった。

著　者：山崎大輝
編集人：笹沼彩子
発行人：倉次辰男
発行所：株式会社 主婦と生活社
〒104-8357　東京都中央区京橋3-5-7
編集部 TEL.03-3563-5132
販売部 TEL.03-3563-5121
生産部 TEL.03-3563-5125
https://www.shufu.co.jp
製版所：東京カラーフォト・プロセス株式会社
印刷所：大日本印刷株式会社
製本所：株式会社若林製本工場
ISBN978-4-391-15442-9

十分に気をつけながら造本しておりますが、万一、乱丁・落丁がありました場合は、お買い上げになった書店か小社生産部（tel.03-3563-5125）へお申し出ください。お取り替えさせていただきます。

STAFF

Photographer：Ivy Chen ／アイビー チェン
Stylist：梶 雄太
Hair & Make-up：北 一騎（Permanent）
Photo Crew：Jacky Chen
Location Coordinator：矢作晃之、郭 秋梅
（TOP TAIWAN MEDIA FACTORY）
Designer：前原香織
Proofreader：安藤尚子
Editor：芦野 悠（JUNON 編集部）

Executive Producer：伊藤久美子（イトーカンパニー）

Cooperation：
Folio Hotel Daan Taipei
住所：台北市大安區信義路四段30巷23號
電話：02-6626-0658
HP：https://www.folio-hotels.com/daan/

キヤノンマーケティングジャパン株式会社
canon.jp/eos